MARIE MARCKS

Immer ich!

Eine Bildgeschichte

Für den Unterricht in Deutsch als Fremdsprache
(Grundstufe)
bearbeitet von Franz Eppert

MAX HUEBER VERLAG

Umschlagillustration Marie Marcks

Hinweis für die Benutzung dieses Hefts

Wenn es auch die druckmäßige Gestaltung mancher Übungen erlaubt, daß die Lösungen direkt ins Buch geschrieben werden, ist es doch für den Lernenden auf jeden Fall günstiger, ein getrenntes Heft zu führen. Ist das Übungsheft im Rahmen der Lernmittelfreiheit entliehen, versteht es sich von selbst, daß jegliche Eintragung unterbleiben muß.

4. 3. 2. | Die letzten Ziffern bezeichnen
1995 94 93 92 91 | Zahl und Jahr des Druckes.
Alle Drucke dieser Auflage können, da unverändert, nebeneinander benutzt werden.
1. Auflage

Gesamtherstellung: Ludwig Auer GmbH, Donauwörth
Printed in Germany
ISBN 3–19–001356–X

Liebe Schülerinnen und Schüler!

Dieses kleine Buch ist zum Anschauen und zum Lesen. Es soll Euch helfen, Deutsch besser zu verstehen, besser zu schreiben und vor allem besser zu sprechen.

Wenn Ihr zuerst seht, wie Kathinkas Leben heute morgen aussieht und dann zu erzählen versucht, was da alles passiert, dann könnt Ihr vielleicht danach auch etwas über Euch erzählen. Euer Leben ist sicher so interessant wie Kathinkas.

Ich hoffe, das alles macht Euch ein wenig Spaß.

Franz Eppert

Liebe Lehrerinnen und liebe Lehrer!

Diese kleine Bildgeschichte soll der Auflockerung des Deutschunterrichts dienen. Die kleinen Ereignisse des Familien- und Schüleralltags finden das Interesse der Schüler, weil sich viele Parallelen zum eigenen Leben ergeben.

Die Lesehilfen erklären vorwiegend – aber nicht ganz ausschließlich – die Wörter, die über die Wortliste zum Grundbaustein Deutsch als Fremdsprache hinausgehen.

Auch die Fragen mit Antworthilfen bleiben – so weit wie möglich – im Bereich der Wortliste des Grundbausteins.

Die Anbindung an diese Wortliste, die ja nicht für junge Lerner entwickelt wurde, ist nur Orientierungshilfe, damit der Einsatz dieser Bildgeschichte im Unterricht in Klassen vor sowie nach dem Grundbausteinniveau sinnvoll geplant werden kann. Durch diese Wortliste bleibt der ganze Fragebereich etwas im vordergründigen Nacherzählen der Geschichte stecken – ein dennoch hochgestecktes Lehr- und Lernziel, das durch den tatsächlichen Unterricht und die folgenden Übungen aber durchaus erreichbar ist.

Den Schülern sollte erläutert werden, daß die Sprechblasen an der Aussprache orientiert sind und daher nicht immer mit der Orthographie übereinstimmen. Außerdem wurden auch umgangssprachliche Ausdrücke mit aufgenommen.

Die meisten Lehrer werden es sicherlich vorziehen, zunächst einmal weitgehend allein mit den Bildern und den Bildtexten zu arbeiten ohne Hinzunahme des Sprachmaterials der jeweilig rechten Seite. Einfaches Zudecken der rechten Seite macht das möglich.

Für eine gezielte und straffe Unterrichtsführung und besonders für sprachlich schwache Schüler ist die Fragensequenz mit dem zugefügten Antwortmaterial eine erhebliche Lernhilfe. Auch die Übungen im Anhang sind eng mit diesem Material gekoppelt, damit durch die Übungen die Erzählaufgabe auf einem guten sprachlichen Niveau gemeistert werden kann.

Der Unterricht selbst sollte und wird sich immer wieder durch das Spielen anderer Rollen über das Nacherzählen hinaus zur sprachlichen Interaktion und Reflexion über die Bildgeschichte und das Alltagsleben der Schüler entwickeln. Das kann nicht geplant werden. Das bleibt die Herausforderung an den Lehrer.

Methodischer Hinweis:

Die Art, wie dieses Büchlein angelegt ist, birgt einige methodische Gefahren in sich, auf die hier aufmerksam gemacht wird. Die straffe Koppelung von Frage und Antwort dient einem Lehrziel: Der Schüler soll die Ereignisse auf einem adäquaten Niveau erzählen können. Fragen, Antworten, Erzählen aber sind nicht ausreichend für sprachliche Interaktion. Zwar werden dadurch durchaus Identifizierungsstrategien entwickelt und das Erzählen geübt, kommunikative Interaktion, wie sie wirklich ist, verlangt zudem viele andere Strategien, z. B. wie man sprachlich etwas initiiert, korrigiert, vermeidet, wie man sprachliche und kommunikative Risiken eingeht und eine Fülle von Sprechakten und Sprechaktsequenzen vollzieht. Wenn der Lehrer sich von der Anlage des Büchleins, die bewußt für die Erzählaufgabe konzipiert ist, gängeln läßt, wird sein Unterricht typischer lehrer-orientierter Unterricht. Der Lehrer dominiert und kontrolliert die Interaktion, was für den Beginner zwar Lernstützen bietet, auf die Dauer jedoch die Motivation reduziert, weil keine echte Interaktion stattfindet. Der Schüler hat kein Mitspracherecht bei der Auswahl des Themas. Es wird daher hier vorgeschlagen, daß der Lehrer immer wieder versucht, folgende Unterrichtstypen in verschiedener Reihenfolge zu realisieren:

Lehrer – Klasse – Interaktion
Lehrer – Schüler – Interaktion
Schüler – Schüler – Interaktion

Besonders wenn man nach genügender Vorbereitung, Schülerpaare oder kleine Gruppen sich über einzelne Bilder (ohne die linke Seite) frei unterhalten läßt, wird plötzlich die Frage, was für die Unterhaltung wirklich relevant ist, von den Schülern selbst bestimmt.

Franz Eppert

Inhaltsverzeichnis

Das ist Kathinka; –
Wenn Mutter böse ist,
sagt sie Ka-tha-ri-na zu ihr.
Für ihre Träume
hat Kathinka gar nicht genug Platz.

Aufstehen

Lesehilfen:

1. *Wenn* die Mutter böse ist, sagt sie Katharina zu ihr.
2. r Traum, ¨-e: Wenn wir schlafen, haben wir oft schöne oder schlechte *Träume*.
3. r Platz, ¨-e: Platz haben für etwas (= Akk.)
   Der Koffer ist voll. Ich habe keinen *Platz* für diese Bücher.
4. gar nicht
   Sie hat genug Platz.
   Sie hat nicht genug Platz.
   Sie hat *gar nicht genug* Platz.

Fragen mit Antworthilfen:

1. Wen lernen wir in diesem Buch kennen?
   jemanden (= Akk.) kennen.lernen (lernt kennen, lernte kennen, hat kennengelernt)
   Kathinka – die Mutter – Stefan
2. Was sagt die Mutter zu ihr, wenn sie böse ist?
   etwas zu jemandem (= Dat.) sagen
   Sie sagt Katharina zu ihr.
3. Was tut Kathinka oft?
   träumen
4. Was träumt Kathinka jetzt?
   Sie träumt, daß . . .
   s Pferd, -e
   reiten (reitet, ritt, geritten)
   auf einem Pferd reiten
5. Wie reitet sie?
   im Galopp (= sehr schnell) reiten
6. Und wovon träumt Stefan?
   von etwas (= Dat.) träumen
   s Fußballspiel, -e
   Er träumt von einem Fußballspiel.
   Er träumt, daß er Fußball spielt.
7. Was tut er im Traum?
   s Tor, -e
   etwas (= Akk.) schießen (schießt, schoß, geschossen)
   ein Tor schießen
8. Wie finden das seine Freunde?
   r Freund, -e
   etwas gut finden (findet, fand, gefunden)
   prima = klasse = sehr gut
   etwas klasse finden
   rufen (ruft, rief, gerufen)
   jubeln = sehr froh sein
   jemandem (= Dat.) zujubeln
   Sie jubeln ihm zu.

Gerade als sie am allerschönsten träumt, kommt Mutter rein.

Lesehilfen:

1. auf.stehen (steht auf, stand auf, ist aufgestanden)
   Ich *stehe* jeden Morgen um 7 Uhr *auf.*
2. auf.passen
   aufpassen, daß . . . = dafür sorgen, daß . . .
   Paß auf, daß Stefan aufsteht.
   Sorge dafür, daß Stefan aufsteht.
3. *aus dem Bett kommen* = aufstehen
4. *der* = Stefan
5. *selber* = selbst = allein
6. gerade = zur gleichen Zeit
   Ich bin *gerade* beim Essen.
7. *gerade als* = als
   Als er aus der Wohnung ging, klingelte das Telefon.
   Als sie am schönsten träumt, kommt die Mutter.
8. *am allerschönsten*
   am schönsten
   schöner
   schön
9. *rein.kommen* = ins Zimmer kommen

Fragen mit Antworthilfen:

1. Was passiert jetzt?
   passieren (passiert, passierte, ist passiert)
   Was ist passiert? = Was ist los?
   e Mutter, ¨
   s Zimmer, -
   ins Zimmer kommen
2. Wann kommt die Mutter rein?
   gerade als . . .
   schön
   träumen
3. Was tut die Mutter?
   wecken
   jemanden (= Akk.) wecken
4. Was soll Kathinka tun?
   auf.stehen
   auf.passen
   auf.passen, daß . . .
5. Was meint Kathinka
   meinen, daß . . .
   sich beklagen = sagen, daß etwas nicht richtig ist
   sich darüber beklagen, daß . . .
   Sie beklagt sich darüber, daß sie aufpassen muß.
6. Warum weckt die Mutter Kathinka zuerst?
   vielleicht
   alt
   älter sein als
   besser aufstehen können
7. Was (wovon) träumt Stefan jetzt?
   träumen (davon), daß . . .
   r Pfeil, -e
   r Bogen, ¨
   Der Bogen ist rund.
   Der Pfeil ist lang, dünn und spitz.
   spitz ↔ rund
   schießen (schießt, schoß, geschossen)
   mit Pfeil und Bogen schießen

Hör auf, du Ziege!!
Raus mit dir!

Lesehilfen:

1. auf.hören ↔ an.fangen
   Hör auf! = Laß das! = Tue das nicht!
2. e Ziege, -n: ein Haustier, das auch Milch gibt
   Du dumme (blöde) *Ziege!* (Schimpfwort)
3. raus ↔ rein
   Raus mit dir! = Steh endlich auf! = Komm endlich aus dem Bett!

Fragen mit Antworthilfen:

1. Wie weckt Kathinka ihren Bruder?
   r Fuß, ⸚e
   stoßen (stößt, stieß, gestoßen)
   stoßen = drücken
   e Matratze, -n
   die Matratze im Bett
   mit den Füßen gegen etwas (= Akk.) stoßen
   von unten nach oben
2. Was ruft sie?
   rufen (ruft, rief, gerufen) = sehr, sehr laut sprechen
   raus
3. Was tut Stefan?
   sauer sein = sich ärgern
   schreien (schreit, schrie, geschrien) = sehr laut rufen
   schreien, daß sie aufhören soll
4. Was sagt er zu ihr?
   etwas zu jemandem (= Dat.) sagen
   Ziege
5. Warum hält sich Stefan am Bett fest?
   sich fest.halten (hält fest, hielt fest, festgehalten)
   sich an etwas (= Dat.) fest.halten
   damit = so daß
   aus dem Bett fallen
   fallen (fällt, fiel, ist gefallen)
   raus.fallen
   damit er nicht rausfällt
6. Was zeigt das Gesicht von Kathinka?
   zeigen, daß . . .
   sich freuen = Freude haben = Spaß haben
   e Freude, -n
   Es macht ihr Freude.
   Es macht ihr Spaß.
   jemanden (= Akk.) ärgern
   Es macht ihr Spaß, ihn so zu ärgern.

Zieh sofort mein Tie-shört aus!
Nun zankt euch doch nicht schon am frühen Morgen! Beeilt euch lieber, sonst kommt ihr noch zu spät!

Mein einer Strumpf ist weg!
Wie oft habe ich dir gesagt, daß du abends deine Kleider ordentlich auf den Stuhl legen sollst!

Plötzlich fällt Kathinka ein, daß sie ja heute diese blöde Handarbeit hat:

Wir sollen heute rotes und blaues Perlgarn mitbringen, und eine Strammin-Nadel Nummro zwo!
Wo soll ich das denn heute früh hernehmen? Was ist denn das überhaupt, eine Strammin-Nadel?

Das weiß Kathinka auch nicht.

Lesehilfen:

1. s *T-shirt, -s*
2. *aus.ziehen* ↔ an.ziehen
3. sich zanken: Kathinka ärgert Stefan, und Stefan ärgert Kathinka.
4. sich beeilen: *Beeilt euch!* = Macht schnell!
5. zu spät kommen
   Ihr kommt zu spät. = Ihr seid nicht pünktlich.
6. *mein einer Strumpf* = ein Strumpf von meinen Strümpfen
7. ein.fallen (fällt ein, fiel ein, ist eingefallen)
   Es fällt ihr (= Dat.) ein. = Sie erinnert sich plötzlich daran.
8. e *Handarbeit*, -en: In der Handarbeitsstunde lernen sie, wie man Kleider und Pullover macht.
9. *blöd* = dumm
10. s Garn, -e
    Garn = langer Faden
    s *Perlgarn:* Garn zum Handarbeiten, das glänzt wie Perlen.
11. r *Stramin:* dicker Stoff
12. *Numero Zwo* = Nummer 2
13. *her.nehmen* = bekommen
14. *überhaupt*
    Was ist das?
    Was ist das denn?
    Was ist das denn überhaupt?

Fragen mit Antworthilfen:

1. Wer ärgert jetzt wen?
   jemanden (= Akk.) ärgern
2. Was hat Stefan getan?
   nehmen (nimmt, nahm, genommen)
   jemandem (= Dat.) etwas (= Akk.) weg.nehmen
   etwas (= Akk.) an.ziehen
   (zieht an, zog an, hat angezogen)
3. Womit ist die Mutter beschäftigt?
   mit etwas (= Dat.) beschäftigt sein = etwas tun, etwas machen
4. Was sagt sie zu Kathinka und Stefan?
   sich nicht zanken
   sich beeilen
   nicht zu spät kommen
   jemanden (= Akk.) ermahnen, etwas (nicht) zu tun
   Sie ermahnt sie, sich nicht zu zanken.
5. Was macht Kathinka unter dem Bett?
   suchen (+ Akk.)
   kriechen (kriecht, kroch, gekrochen)
   unter das Bett kriechen
6. Warum muß Kathinka ihren Strumpf suchen?
   weg sein
   die Kleider
   nicht ordentlich
   r Stuhl, ¨e
   etwas (= Akk.) auf etwas (= Akk.) legen
7. Was fällt Kathinka plötzlich ein?
   ein.fallen (+ Dat.) (fällt ein, fiel ein, ist eingefallen)
   ein.fallen (+ Dat.), daß . . .
   Handarbeit haben
8. Was soll sie mitbringen?
   e Nadel, -n

Aber Kind, du mußt doch was essen, du kannst doch nicht nüchtern losgehen!
Mir ist schlecht!
Kann man nicht einmal frühstücken, ohne daß der Kakao umkippt?
Nesquick!

Auf einmal ist es schon halb acht! Mutter hat zum Glück noch Perlgarn gefunden – allerdings nur eine ganz gewöhnliche Stopfnadel.

Frühstück und Schulweg

Lesehilfen:

1. *was* = etwas
2. *nüchtern* = ohne Essen
3. *los.gehen* = weg.gehen
4. *Mir ist schlecht.* = Ich bin krank.
5. *einmal,* zweimal, dreimal
6. *frühstücken* = morgens etwas essen und trinken
7. *um.kippen* = um.fallen
   Der Kakao ist umgekippt.
   Er hat die Tasse mit dem Kakao umgekippt.
8. *auf einmal* = plötzlich
9. finden + Akk. (findet, fand, *gefunden*)
10. *allerdings* = aber
11. eine ganz *gewöhnliche* Nadel
    = eine ganz normale Nadel
12. e *Stopfnadel,* -n: eine dicke Nadel zum Stopfen, um z. B. Strümpfe zu stopfen
13. *am Tag vorher* ↔ am Tag nachher
14. *richten* + Akk. = fertigmachen

Fragen mit Antworthilfen:

1. Wo sitzt die Familie?
   sitzen (sitzt, saß, gesessen)
   r Tisch, -e
   am Tisch sitzen
2. Was ist los mit Kathinka?
   Es ist jemandem schlecht.
   Es ist ihr schlecht. Ihr ist schlecht.
   essen (ißt, aß, gegessen)
3. Was meint die Mutter dazu?
   meinen, daß . . .
   essen
   nicht nüchtern weg.gehen
4. Was passiert sonst noch beim Frühstück?
   r Kakao (k. Pl.) = Getränk aus Milch und Schokolade
   um.kippen + Akk.
   nervös sein
5. Wie spät ist es jetzt?
   halb acht
6. Was gibt die Mutter Kathinka, bevor sie zur Schule geht?
   geben + Dat. + Akk. (gibt, gab, gegeben)
   r Beutel, - = eine kleine Tasche
   ein Beutel mit Perlgarn und einer Stopfnadel
7. Was sagt sie zu Kathinka?
   die Sachen
   am Tag vorher
   richten
   sagen, daß . . .
   jemanden (= Akk.) ermahnen, etwas zu tun
   Sie ermahnt Kathinka, ihre Sachen am Tag vorher fertigzumachen.
8. Wohin gehen die Kinder?
   e Schule, -n
   zur Schule gehen

Paßt schön auf – immer erst links, dann rechts gucken!
Warte gefälligst auf mich!

Lesehilfen:

1. *auf.passen:* Wenn man über die Straße geht, muß man aufpassen.
2. (zu)*erst . . . dann*
   (Zu)erst die Arbeit, dann das Spiel. (Sprichwort)
3. *gucken* = sehen
4. auf jemanden (= Akk.) *warten*
   Ich warte auf dich.
5. *gefälligst*
   Warte bitte auf mich. (freundlich)
   Warte gefälligst auf mich. (unfreundlich)

Fragen mit Antworthilfen:

1. Was sollen Kathinka und Stefan tun?
   auf.passen
   erst . . . dann
   links ↔ rechts
   gucken
   jemandem (= Dat.) raten, etwas zu tun
   raten (rät, riet, geraten)
   vorsichtig sein
   Sie rät ihnen, vorsichtig zu sein.
2. Wo sind Kathinka und Stefan jetzt?
   e Straße, -n
   auf der Straße sein
   s Zebra. -s: ein Tier in Afrika mit schwarzen und weißen Streifen
   r Streifen, - = e Linie, -n,
   e Reihe, -n
   r Zebrastreifen, -
3. Worauf sollen sie aufpassen?
   auf.passen auf + Akk.
   r Verkehr (k. Pl.)

Fragen mit Antworthilfen:

1. Woran denkt Kathinka, als sie über die Straße läuft?
   denken an + Akk.
   r Traum, ¨-e
   s Pferd, -e
   reiten (reitet, ritt, ist geritten)
2. Und wie geht Stefan über den Zebrastreifen?
   etwas (= Akk.) im Kopf haben
   s Fußballspiel, -e
   r Ball, ¨-e
   schießen + Akk. (schießt, schoß, geschossen)
   einen Ball vor sich her.schießen
3. Warum tun sie nicht, was die Mutter gesagt hat?
   andere Dinge im Kopf haben
   r Verkehr (k. Pl.)
   wichtig sein
   etwas ist wichtig für jemanden (= Akk.)
4. Wohin schauen die Autofahrer, als Kathinka über die Straße geht?
   auf jemanden (= Akk.) schauen
   = jemanden (= Akk.) anschauen
5. Was werden die Leute in den Autos sicherlich denken?
   komisch = lustig, ungewöhnlich
   laufen
   aufpassen
   Sie soll besser aufpassen.

Mach doch schnell! Wegen dir kommen wir zu spät!

Gerade noch geschafft!

Lesehilfen:

1. *Mach doch schnell!*
   = Beeil dich doch!
2. *wegen dir*
   Wegen dir kommen wir . . .
   Weil du langsam bist, kommen wir . . .
3. *gerade noch* = fast nicht mehr
4. *schaffen*
   Gerade noch geschafft.
   = Gerade noch pünktlich angekommen.
   Ich habe es geschafft. = Ich habe es fertigmachen können. = Ich bin fertig (mit der Arbeit).

Fragen mit Antworthilfen:

1. Wo sind Stefan und Kathinka jetzt angekommen?
   an.kommen (kommt an, kam an, ist angekommen)
   r Schulhof, ¨e
   auf dem Schulhof
2. Was tut Kathinka in ihren Gedanken?
   r Gedanke, -n: das, was man denkt,
   was im Kopf passiert
   s Pferd, -e
   etwas (= Akk.) an.binden (bindet an, band an, angebunden)
   = fest.machen
   s Fahrrad, ¨er
   Die Fahrräder stehen im Fahrradständer.
   am Fahrradständer anbinden
3. Was sagt Stefan zu ihr?
   sagen, daß . . .
   schnell machen
4. Warum soll sie schnell machen?
   weil . . .
   sonst
   zu spät kommen
5. Wieviel Uhr ist es jetzt?
   acht Uhr
6. Warum ist der Flur so leer?
   r Flur, -e = r Korridor, -e =
   r Gang, ¨e
   weil . . .
   s Klassenzimmer, -
   r Schüler, -
   der letzte sein
   die letzten sein

Erste Stunde: Religion. Das geht ja noch. (Max und Anna brauchen da nicht hin, die schlafen jetzt noch.)

Schule

Lesehilfen:

1. die *erste* Stunde
   die zweite Stunde
   die dritte Stunde
2. e *Religion:* Unterricht über Gott und die Kirche
3. *Das geht ja noch.*
   = Das ist nicht so schlimm.
4. *Sie brauchen da nicht hin.*
   = Sie müssen nicht hingehen.
5. r *Herr* = Gott
6. r *Hirte,* -n: ein Mann, der auf Schafe, Kühe und Ziegen aufpaßt
7. *Mir wird nichts mangeln.*
   = Mir wird nichts fehlen.
   Es fehlt mir nichts. = Ich habe alles.
8. Er *weidet* mich auf einer grünen *Aue.*
   Er führt mich, bringt mich zu einer grünen Wiese.

Fragen mit Antworthilfen:

1. Was hat Kathinka in der ersten Stunde?
   Religion
   Ich habe heute Religion, Rechnen, Musik und Deutsch.
2. Wie findet Kathinka das?
   Das geht ja noch.
   Das ist nicht so schlimm.
   finden (findet, fand, gefunden)
   finden, daß . . .
3. Was tut Kathinka in der Religionsstunde?
   träumen, daß . . .
   e Wiese, -n
   auf einer Wiese sein
4. Was tut der Religionslehrer?
   lesen (liest, las, gelesen)
   s Buch, ¨er
   aus einem Buch vor.lesen
5. Was liest der Religionslehrer vor?
   s Gebet, -e: Wenn man zu Gott spricht, betet man.
   ein Gebet sprechen
6. Wie sehr interessieren sich die Schüler für Religion?
   sich interessieren für etwas (= Akk.)
   Ich interessiere mich für Musik.
   interessant ↔ langweilig
   etwas interessant finden
   Ich finde das interessant.
7. Wie viele Schüler passen auf?
   r Schüler, -
   auf.passen

Es Klingelt! – Daß man doch nie ungestört denken Kann! (Die Jungens geben wieder furchtbar an.)

Lesehilfen:

1. *Es klingelt.* = Die Pause fängt an.
2. *denken* (denkt, dachte, gedacht)
   denken = was im Kopf passiert
   Das ist ein schweres Problem:
   Ich muß darüber nachdenken.
3. *ungestört* = ohne gestört zu werden
4. r Junge, -ns
   die *Jungens* ↔ die Mädchen
5. *furchtbar* = sehr
6. *an.geben* (gibt an, gab an, hat angegeben)
   angeben: mehr als deutlich zeigen, was man kann und wie gut man ist

---

Fragen mit Antworthilfen:

1. Was passiert nach der Religionsstunde?
   klingeln
   e Pause, -n
   an.fangen (fängt an, fing an, angefangen)
2. Was tun die Schüler?
   sitzen (sitzt, saß, gesessen)
   sitzen bleiben
   werden (wird, wurde, geworden)
   geraten (gerät, geriet, ist geraten)
   außer Rand und Band geraten
   = laut rufen, herumlaufen und auf die Bänke springen
3. Warum ärgert sich Kathinka?
   sich ärgern
   weil
   Sie ärgert sich, weil . . .
   ungestört denken können
   gestört werden
   im Traum gestört werden
   Sie wird in ihrem Traum gestört.
4. Was tun die zwei Jungens vorne im Bild?
   rennen = schnell laufen
   rennen (rennt, rannte, ist gerannt)
   gegeneinander → ←
   r Ranzen, - = e Schultasche, -n
   In dem Ranzen sind die Bücher und Hefte.
   mit dem Ranzen
   um zu zeigen, wer stärker ist

2. Stunde: Rechnen. Zum Glück sitzt ihre beste Freundin Bettina neben ihr. Die weiß immer alles und ist trotzdem Klasse.

Lesehilfen:

1. die erste Stunde = die 1. Stunde
   die zweite Stunde = die *2. Stunde*
   die dritte Stunde = die 3. Stunde
2. *rechnen*
   Wieviel ist 6 mal 8?
   6 mal 8 ist 48: Wir haben richtig gerechnet.
   s Rechnen = e Mathematik
3. *zum Glück* = es ist ein Glück, daß . . .
   Zum Glück sitzt Bettina neben ihr.
   = Es ist ein Glück, daß Bettina neben ihr sitzt.
4. gut, besser, die *beste*
5. *trotzdem*
   Er darf nicht ins Kino gehen, aber er tut es trotzdem.
6. Sie ist *klasse.* = Sie ist prima.

Fragen mit Antworthilfen:

1. Was ist in der zweiten Stunde?
   s Rechnen
2. Wo sitzt Kathinka?
   sitzen (sitzt, saß, gesessen)
   e Reihe, -n
   die erste Reihe ↔ die letzte Reihe
   in der letzten Reihe
   die erste von rechts
   die erste von links
   die zweite von rechts
   die zweite von links
   Sie ist die zweite von rechts.
3. Wer sitzt neben ihr?
   Bettina
   e Freundin, -nen
   ihre beste Freundin
4. Was für ein Mensch ist Bettina?
   wissen (weiß, wußte, gewußt)
   klasse sein
5. Was tut Bettina?
   jemandem (= Dat.) vor.sagen
   = die richtige Antwort geben
   Sie sagt ihr vor. = Sie sagt ihr leise die richtige Antwort.
6. Von wem will die Lehrerin die richtige Antwort haben?
   von Kathinka
7. Was will die Lehrerin von Kathinka wissen?
   wissen (weiß, wußte, gewußt)
   wieviel
   wissen, wieviel 6 mal 8 ist
8. Wieviel ist 6 mal 8?
   6 mal 8 ist 48.
   3 mal 9 ist 27.

Hans, Kannst du mir sagen, ob das hier ein Schlager oder ob das ein Kirchenchor ist?
Schmetterlinge Können nicht weinen...
3. Stunde: Singen
(Das heißt aber nur so, in WirKlichKeit Kriegen sie meistens nur Platten vorgespielt – heute schon wieder!
4. Stunde: ErdKunde
(langweilig)
Iller, Lech Isar, Inn...
fließen zu der Donau hin

Lesehilfen:

1. r *Schlager,* - = ein Lied, das alle Leute kennen und singen
2. r *Kirchenchor,* ¨e = eine Gruppe von Sängern, die Kirchenlieder singen
3. r *Schmetterling,* -e = 
4. *weinen* ↔ lachen
5. e *Wirklichkeit* = was wirklich ist
6. *kriegen* = bekommen
7. e *Platte,* -n
   Platten spielt man auf dem Plattenspieler.
   Kassetten spielt man mit dem Kassettenrekorder.
8. *vor.spielen:* Sie kriegen Platten vorgespielt. = Sie sitzen da und hören Platten, singen aber nicht.
9. e *Erdkunde* = Geographie
10. Isar, Iller, Lech und Inn fließen rechts zur Donau hin.
    Isar, Iller, Lech, Inn, die Donau sind Flüsse.
11. langweilig ↔ interessant

Fragen mit Antworthilfen:

1. Was hat Kathinka in der dritten Stunde?
   Singen
2. Was tun sie, wenn sie Singen haben?
   nicht singen (singt, sang, gesungen)
   etwas vorgespielt bekommen
   jemandem (= Dat.) etwas (= Akk.) vor.spielen
   Sie kriegen Platten vorgespielt.
   = Der Musiklehrer spielt ihnen Platten vor.
3. Was hören sie von der Platte?
   r Schmetterling, -e
   können
   weinen
4. Ist das ein Schlager oder ein Kirchenchor?
   r Schlager, -
   r Kirchenchor, ¨e
5. Was ist in der vierten Stunde?
   e Erdkunde
6. Wie findet Kathinka den Erdkundeunterricht?
   finden (findet, fand, gefunden)
   etwas (= Akk.) langweilig finden
7. Was lernen sie im Erdkundeunterricht?
   r Fluß, ¨sse
   r Nebenfluß, ¨sse
   die Nebenflüsse der Donau
8. Wie heißen die Nebenflüsse des Rheins?
   der Neckar
   die Mosel

Lothar
Kathinka
Uwe
Sabine
Edith
Mario

Es hat schon geklingelt, aber die Handarbeitslehrerin kommt nicht.
Adelheid schreibt alle auf, die laut sind.

Ihr dürft leise nach Hause gehen
Textiles Werken fällt aus,
Fräulein Nädele ist
leider erkrankt!

Lesehilfen:

1. e *Handarbeitslehrerin,* -nen
   Das ist die Lehrerin, für die Kathinka die Nadel und das Garn braucht.
2. jemanden (= Akk.) *auf.schreiben*
   auf.schreiben = an die Tafel schreiben
3. *laut* ↔ leise
4. *Textiles Werken* = Handarbeit
5. *aus.fallen* (fällt aus, fiel aus, ist ausgefallen)
   Der Unterricht fällt aus. = Wir haben keinen Unterricht.
6. *leider* ↔ Gott sei Dank
7. Sie ist *erkrankt.* = Sie ist krank geworden.

Fragen mit Antworthilfen:

1. Was ist in der nächsten Stunde?
   Handarbeit
   Textiles Werken
2. Wer kommt nicht?
   e Handarbeitslehrerin
3. Was tut Adelheid?
   auf.schreiben + Akk. (schreibt auf, schrieb auf, aufgeschrieben)
   Sie schreibt alle auf, die laut sind.
   Sie schreibt alle an die Tafel, die laut sind.
4. Was tun die Schüler?
   sich zanken
   sich unterhalten
   jemandem (= Dat.) die Zunge rausstrecken
   mit Gummi schießen
5. Wer kommt in die Klasse?
   r Direktor, -en
6. Was sagt er?
   dürfen
   nach Hause gehen
7. Warum dürfen sie nach Hause gehen?
   etwas fällt aus
   erkrankt sein
   krank werden
   krank geworden sein
   leider
8. Wie gefällt das den Schülern?
   sich freuen = froh sein, jubeln
9. Wie heißt die Handarbeitslehrerin?
   Frl. = Fräulein Nädele
10. Paßt der Name zum Beruf der Lehrerin?
    etwas paßt zu etwas (= Dat.)
    Der Name paßt zu ihr.
    Nädele = kleine Nadel
11. Welche Familiennamen bedeuten etwas?

Eigentlich soll Kathinka ja nach der Schule gleich nach Hause kommen, – aber Mutter ist ja immer dafür, daß sie an der frischen Luft ist.

Da – hab ich's nicht gesagt? Die Jungens aus der Grünen Heimat!

Der Nachhauseweg

Lesehilfen:

1. *eigentlich,* d. h. sie soll es tun, aber sie tut es nicht.
   Eigentlich soll Kathinka ja sofort nach Hause gehen. = Kathinka soll sofort nach Hause gehen.
2. *dafür sein, daß . . .*
   Die Mutter ist dafür, daß sie an der frischen Luft ist.
3. *an der frischen Luft sein* = draußen sein
4. *die Jungens* ↔ die Mädchen
5. *die Grüne Heimat* = ein Stadtteil
   Kathinka und ihre Freundin sind jetzt in der Grünen Heimat.

Fragen mit Antworthilfen:

1. Was soll Kathinka eigentlich gleich nach der Schule tun?
   nach Hause kommen (kommt, kam, ist gekommen)
2. Warum tut Kathinka nicht, was sie tun soll?
   sehen (sieht, sah, gesehen)
   Es gibt so viel zu sehen.
   auf dem Nachhauseweg
   r Weg, -e
3. Wofür ist die Mutter?
   dafür sein, daß . . .
   an der frischen Luft sein
   e Luft, ¨e
   sie ist dafür, daß . . .
4. Was tun Kathinka und ihre Freundin auf dem Nachhauseweg?
   r Gartenzaun, ¨e
   Um den Garten herum ist ein Zaun.
   stehen.bleiben (bleibt stehen, blieb stehen, ist stehengeblieben)
   an einem Gartenzaun stehenbleiben
   r Baum, ¨e
   etwas von einem Baum pflücken
5. Wen sieht Kathinka kommen?
   jemanden (= Akk.) kommen sehen
   Ich sehe dich kommen.
   Sie sieht die Jungens kommen.
   Sie sieht die Jungens aus der Grünen Heimat kommen.
6. Was trägt Kathinka auf dem Rücken?
   r Rücken, -
   r Ranzen, -
   r Schulranzen, - = e Schultasche, -n
   etwas (= Akk.) tragen (trägt, trug, getragen)

Das Kann unangenehm werden! Es ist besser, aus ihrem Revier zu verschwinden.

Katharina aus China!
Kathinka, Stinka!

Lesehilfen:

1. angenehm ↔ *unangenehm*
2. s *Revier,* -e
   ihr Revier = ihre Gegend = der Platz, wo sie zu Hause sind
3. *verschwinden* (verschwindet, verschwand, verschwunden)
   = weg.gehen, so daß man nicht mehr gesehen werden kann
4. Es ist gut, wegzugehen.
   Es ist besser, schnell wegzugehen und ganz *zu verschwinden.*
5. *Stinka*
   stinken (stinkt, stank, gestunken) nicht gut für die Nase, es riecht nicht gut

---

Fragen mit Antworthilfen:

1. Die Jungens aus der Grünen Heimat kommen. Was bedeutet das?
   Es bedeutet für Kathinka, daß . . .
   Es kann unangenehm werden.
   Es kann gefährlich werden.
   Es kann Ärger geben.
2. Was meint Kathinka?
   meinen, daß . . .
   Es ist besser, ganz zu verschwinden.
3. Was rufen die Jungens?
   rufen (ruft, rief, gerufen)
   rufen = sehr laut sagen
4. Was wollen die Jungens?
   jemanden (= Akk.) ärgern
   jemanden ärgern wollen

Feige Weiber!!

Lesehilfen:

1. *feige* sein = Angst haben
   Er ist feige. = Er hat Angst.

2. s *Weib,* -er
   kein guter Name für Frau

Fragen mit Antworthilfen:

1. Was tun Kathinka und ihre Freundin zuerst?
   laufen (läuft, lief, ist gelaufen)
   davon.laufen
   weg.laufen
   vor jemandem (= Dat.) davonlaufen
   Sie laufen vor den Jungens davon.

2. Was tun sie dann?
   r Baum, ¨e
   r Apfel, ¨
   r Apfelbaum, ¨e
   klettern
   auf einen Apfelbaum klettern

3. Was tun die Jungens?
   s Wort, ¨er
   s Schimpfwort, ¨er
   rufen
   Sie rufen Schimpfwörter. =
   Sie rufen schlechte Wörter, die keine guten Namen für jemanden sind.
   ärgern
   Sie wollen die Mädchen damit ärgern.

4. Was halten die Jungens in den Händen?
   r Stock, ¨e
   etwas (= Akk.) in der Hand halten = etwas tragen
   Sie halten Stöcke in den Händen. = Sie haben Stöcke.

Fragen mit Antworthilfen:

1. Was passiert, als die Jungens am Apfelbaum ankommen?
   werfen (+ Akk.) (wirft, warf, geworfen)
   jemanden (= Akk.) mit etwas (= Dat.) bewerfen
   Sie bewerfen die Jungens mit Äpfeln.
   etwas (= Akk.) nach jemandem (= Dat.) werfen
   Sie werfen Äpfel nach den Jungens.
2. Wie oft und wo treffen sie?
   etwas (= Akk.) treffen (trifft, traf, getroffen)
   r Kopf, ¨e
   Er wird am Kopf getroffen.
   einmal
   zweimal
   dreimal
3. Was versuchen die Jungens?
   versuchen, etwas zu tun
   zurück.werfen
4. Können die Jungens die Mädchen gut treffen? Warum wohl nicht?
   r Ast, ¨e
   Ein Ast ist ein Teil von einem Baum. Der Stamm ist auch ein Teil; die Blätter sind auch Teile von einem Baum.
   jemanden (= Akk.) schützen vor etwas (= Dat.)
   Die Äste schützen die Mädchen vor den Äpfeln.

Feige Kerle !!

Gesiegt !!

Lesehilfen:

1. r *Kerl*, -e
   Er ist ein feiger Kerl.
   = Er ist feige.
   Kerl = Junge, Mann

2. siegen (siegt, siegte, *gesiegt*)
   siegen = gewinnen (gewinnt, gewann, gewonnen)
   Wir haben gesiegt.
   = Wir haben gewonnen.

Fragen mit Antworthilfen:

1. Wer hat gesiegt? Die Mädchen oder die Jungens?
   siegen
   gewinnen
2. Was tun die Jungens?
   davon.laufen
   weg.laufen
3. Warum laufen sie davon?
   weil . . .
   treffen (trifft, traf, getroffen)
   getroffen werden
   oft
   zu oft
4. Die Mädchen haben gesiegt. Wie zeigen sie, daß sie sich freuen?
   tanzen
   e Freude, -n
   vor Freude tanzen
   Sie tanzen vor Freude.
   = Sie tanzen, weil sie sich freuen.

Ihr Lausejören, wenn ich euch kriege! Schlimmer als die Bengels!!!!

Lesehilfen:

1. *Lausejören*
   Mädchen, wie sie nicht sein sollen
2. *kriegen* = fangen, ein.holen
3. schlimm, *schlimmer*
   so schlimm wie
   schlimmer als
4. *Bengels*
   Jungens, wie sie nicht sein sollen

Fragen mit Antworthilfen:

1. Was sagt (ruft) die alte Frau?
   Lausejören!
   Wenn ich euch kriege!
   Ihr seid schlimmer als die Bengels!
2. Warum läuft Bettina jetzt weg?
   weil
   e Frau, -en
   eine alte Frau
   gehören + Dat.
   Die Äpfel gehören der Frau.
   Sie ist die Besitzerin, die Eigentümerin des Baumes.
   gelaufen kommen
   Sie kommt gelaufen.

Eigentlich tut den beiden die alte Frau ja ein bißchen leid, – aber schließlich sind ja die Jungens von der Grünen Heimat schuld an allem.

Kommst du heut' nachmittag?
Nein, – Vater hat frei, da muß ich immer zu Hause bleiben!

Ob die Frau jetzt ganz viel Apfelmus macht?, denkt Kathinka.

Lesehilfen:

1. Du *kriegst* uns ja nicht.
   Du kannst uns nicht kriegen, wir sind zu schnell.
2. *die beiden* = Kathinka und Bettina
3. leid tun (tut leid, tat leid, hat leid getan).
   Die alte Frau tut mir leid.
   Die alte Frau *tut ihnen leid.*
4. *ein bißchen* = etwas = ein wenig
5. Die Jungens sind *schuld an allem,* d. h. die Jungens haben angefangen, die Jungens haben sie geärgert.
   Die Mädchen haben nichts Böses getan.
6. s *Apfelmus:* Wenn man Äpfel in etwas Wasser kocht, bekommt man Apfelmus.
7. Ob die Frau Apfelmus macht?
   = Macht die Frau Apfelmus?
8. denken (*denkt,* dachte, gedacht)

Fragen mit Antworthilfen:

1. Was wird die alte Frau jetzt wohl tun?
   etwas (= Akk.) auf.heben (hebt auf, hob auf, aufgehoben)
   die Äpfel vom Boden (von der Erde) aufheben
   etwas (= Akk.) auf.sammeln
2. Wie ist das alles passiert? Wer hat angefangen?
   an.fangen
   schuld sein an etwas (= Dat.)
   die Jungens aus der Grünen Heimat
3. Wer ist – nach Meinung von Kathinka – schuld an der ganzen Sache?
   die Jungens
   schuld sein an etwas (= Dat.)
   e Sache, -n
   an der ganzen Sache schuld sein
4. Was fragt Bettina Kathinka?
   fragen, ob . . .
   kommen (kommt, kam, ist gekommen)
   heute nachmittag
5. Was muß Kathinka tun, wenn ihr Vater frei hat?
   zu Hause bleiben müssen
6. Woran denkt Kathinka?
   an etwas (= Akk.) denken
   an jemanden (= Akk.) denken
   Sie denkt an die alte Frau.
   Sie denkt daran, daß die Frau Apfelmus macht.

Vater und Stefan sitzen schon am Tisch.
Wie siehst du denn schon wieder aus? Du bist ja total ver-dreckt, – schnell, – wasch dir die Hän-de und Kämm dich!
Wo hast du dich nur schon wieder rumgetrieben? Stefan ist schon lange zu Hause!
Ach - ich hab einer alten Frau Äpfel ernten ge-holfen!
Das findet Mutter nun sehr hilfsbereit!

Am Mittagstisch

Lesehilfen:

1. *total* = ganz
2. *verdreckt* = schmutzig
3. *Kämm dich.*
   r Kamm, ¨-e
   sich kämmen
4. sich rumtreiben = draußen herumlaufen
   (treibt sich rum, trieb sich rum, hat sich rumgetrieben)
   Wo hast du dich rumgetrieben?
   = Wo bist du gewesen?
5. ernten
   Ich habe einer Frau geholfen, Äpfel zu ernten.
   = Ich habe einer Frau geholfen, Äpfel vom Baum zu nehmen.
   = Ich habe einer Frau Äpfel ernten geholfen.
6. *hilfsbereit*
   = bereit zu helfen
   = gewillt zu helfen
   Sie ist hilfsbereit. = Sie sagt, ich helfe dir.

Fragen mit Antworthilfen:

1. Was tut Kathinka, als sie nach Hause kommt?
   werfen + Akk. (wirft, warf, geworfen)
   r Ranzen, -
   gegen + Akk.
   r Stuhl, ¨-e
2. Wer sitzt schon am Tisch?
   r Vater
   Stefan
   r Tisch, -e
3. Wie sieht Kathinka aus?
   aus.sehen (sieht aus, sah aus, ausgesehen)
   total verdreckt = ganz schmutzig
4. Was soll Kathinka sofort und schnell tun?
   sich die Hände waschen
   sich kämmen
5. Was will die Mutter wissen?
   sie will wissen, wo . . .
   sich rum.treiben = draußen herumlaufen
   sich rumgetrieben haben
6. Was antwortet Kathinka?
   helfen + Dat. (hilft, half, geholfen)
   jemandem (= Dat.) helfen, etwas zu tun
   ernten
   Ich habe einer alten Frau geholfen, Äpfel zu ernten.
7. Wie findet das die Mutter?
   etwas gut (hilfsbereit) finden
8. Ist das wahr, was Kathinka sagt?
   wahr sein
   nicht ganz

Was gab's in der Schule?
Nichts!
Nichts! Nichts ist keine Antwort!
Doch!
Also - Kathinka, du mußt doch irgendetwas gelernt haben!
Ich hab' das eu gelernt!
Nein.

Lesehilfen:

1. *Was gab es in der Schule?*
   = Was war los in der Schule?
   = Was hast du dort gelernt?
2. Das ist keine Antwort.
   Doch, das ist eine Antwort.
3. *irgend etwas* = etwas
4. das „eu" wie in heute
   neugierig
   Leute

Fragen mit Antworthilfen:

1. Was fragt der Vater?
   es gibt etwas
   es gab etwas
   fragen, ob . . .
2. Was antwortet Kathinka?
   antworten, daß . . .
   nichts
3. Warum ist der Vater nicht zufrieden mit der Antwort?
   zufrieden sein mit etwas (= Dat.)
   weil . . .
   e Antwort, -en
   Nichts ist keine Antwort.
4. Was meint Kathinka aber?
   meinen, daß . . .
   e Antwort, -en
   doch
5. Wovon ist der Vater überzeugt?
   überzeugt
   überzeugt sein davon, daß . . .
   irgend etwas lernen
   etwas gelernt haben müssen
6. Was sagt Kathinka aber wieder?
   sagen, daß . . .
   etwas lernen
   nichts lernen
7. Was hat Stefan gelernt?
   das „eu" lernen

Kathinka ist da ganz anderer Meinung.

Lesehilfen:

1. jemandem (= Dat.) etwas (= Akk.) zeigen *(gezeigt)*
2. sammeln – die Sammlung, -en
   s Mineral, -ien = r Stein, -e
   die Mineraliensammlung
   = die Sammlung von Mineralien
3. eine *Eins* = sehr gut
   eine Zwei = gut
   eine Drei = befriedigend
4. eine *Steinsammlung*
   eine Sammlung von Steinen
5. *außerdem* = übrigens

Fragen mit Antworthilfen:

1. Was will der Vater jetzt wissen?
   er will wissen, ob ...
   e Mineraliensammlung
   zeigen + Dat. + Akk.
2. Was sagt Stefan dazu?
   ich
   zeigen
   sagen, daß ...
   Er hätte sie gezeigt.
3. Warum hat Kathinka die Sammlung nicht gezeigt?
   jemanden (= Akk.) nicht mögen
   e Lehrerin, -nen
   Sie mag die Lehrerin nicht.
   meinen, daß ...
   blöd = dumm
4. Was für eine Sammlung hat Kathinka?
   schön
   alt
5. Was meint die Mutter dazu?
   meinen, daß ...
   eine Eins bekommen
   eine nette junge Lehrerin
   keine alte Ziege
6. Was hätte Kathinka bekommen, wenn sie die Sammlung gezeigt hätte?
   sie hätte + Akk. bekommen
   eine Eins
7. Was für eine Lehrerin ist Frl. Miesike nach Meinung der Mutter?
   meinen, daß ...
8. Welche Meinung hat aber Kathinka?
   eine ganz andere Meinung haben
   = ganz anderer Meinung sein
   finden + Akk. (findet, fand, gefunden)
   finden, daß ...

Aber Vater will sich nicht ärgern, – er hat sich etwas ausgedacht:

Wißt ihr was? Heute nachmittag machen wir einen Ausflug!
Zu Fuß etwa?
Aber Kathinka!
?
Kathinka, hilf abräumen!
Immer ich! Und Stefan? Der braucht wieder nicht!
Stefan hilft auch. Der sprengt nachher den Vorgarten!

Lesehilfen:

1. sich etwas aus.denken
   = eine Idee haben
   = einen Plan haben
   Er hat sich was ausgedacht.
   = Er schlägt etwas vor.
   etwas vor.schlagen (schlägt vor, schlug vor, vorgeschlagen)
2. r *Ausflug,* ¨e = eine ganz kurze Reise, ein paar Stunden nur
3. *ab.räumen* (räumt ab, räumte ab, abgeräumt)
   = den Tisch leer machen
   = das Geschirr vom Tisch nehmen
4. sie muß helfen ↔ er *braucht nicht* zu helfen
5. r *Vorgarten,* ¨
   der Garten vor dem Haus
6. *sprengen* = mit Wasser spritzen
   den Vorgarten sprengen = den Vorgarten naß machen, damit alles gut wächst
7. *nachher* ↔ vorher

Fragen mit Antworthilfen:

1. Was hat der Vater getan?
   sich etwas aus.denken
2. Was schlägt er vor?
   vor.schlagen, etwas zu tun
   Er schlägt vor, einen Ausflug zu machen.
3. Was will Kathinka wissen?
   wissen, ob . . .
   zu Fuß ↔ mit dem Auto
   zu Fuß gehen
4. Was soll Kathinka jetzt nach dem Essen tun?
   sollen
   helfen (hilft, half, geholfen)
   helfen, etwas zu tun
   Sie soll helfen, den Tisch abzuräumen.
5. Warum beklagt sie sich? (wie heute morgen)
   sich beklagen
   sich beklagen über + Akk.
   sich darüber beklagen, daß . . .
   Sie beklagt sich darüber, daß sie immer helfen muß, aber Stefan wieder nicht zu helfen braucht.
6. Was erklärt ihr die Mutter?
   jemandem (= Dat.) etwas (= Akk.) erklären
   jemandem (= Dat.) erklären, daß . . .
   Sie erklärt ihr, daß Stefan auch helfen muß.
7. Was muß Stefan tun?
   etwas (= Akk.) sprengen
   r Vorgarten, ¨
8. Wo hat sich Stefan versteckt?
   sich verstecken = verschwinden
   r Tisch, -e
   unter dem Tisch

Aber wo ist denn das Stefanchen?
Sicher wieder auf dem Klo, wie immer
wenn's was zu tun gibt.

Hast du denn nichts auf, Stefan?
Nein!
Und du, Kathinka, was hast du auf?
Ach – nichts. Nur so'n bißchen von gestern.
HALT! Zeig mal deinen Ranzen!
Und Stefan? Der darf wieder abhauen!!

Hausaufgaben

Lesehilfen:

1. *das Stefanchen* = der kleine Stefan
2. *auf dem Klo*
   s Klo, -s = e Toilette, -n
3. *es gibt was zu tun*
   = es gibt Arbeit
4. etwas auf.haben
   = Schulaufgaben, Hausaufgaben haben
   Hast du nichts auf?
   = Hast du keine Schulaufgaben?
   = Hast du nichts zu tun für die Schule?
5. Halt! = Warte!
   = Geh nicht weg!
   = Bleib stehen!
6. r *Ranzen*, - = e Schultasche, -n
7. ab.hauen = weg.gehen
   Stefan darf wieder abhauen.
   = Stefan darf wieder gehen und spielen, aber sie muß hierbleiben.

Fragen mit Antworthilfen:

1. Wen sucht die Mutter?
   jemanden (= Akk.) suchen
2. Wo ist er wahrscheinlich?
   s Klo, -s
   auf dem Klo sein
3. Wann geht Stefan immer aufs Klo?
   aufs Klo gehen
   auf die Toilette gehen
   wenn es was zu tun gibt
4. Was fragt ihn die Mutter?
   fragen, ob . . .
   etwas auf.haben
5. Wohin will Stefan?
   raus
   mit Pfeil und Bogen
6. Was will Kathinka?
   auch raus
   dabei sein, etwas zu tun
   Sie ist dabei rauszugehen.
   Sie ist dabei zu verschwinden.
7. Was erzählt sie der Mutter?
   erzählen + Dat., daß . . .
   sie erzählt ihr, daß . . .
   nicht viel auf.haben
8. Glaubt die Mutter ihr?
   glauben + Dat.
   zeigen + Akk.
9. Worüber beklagt sich Kathinka wieder?
   sich darüber beklagen, daß . . .
   ab.hauen dürfen ↔ hier.bleiben müssen

Der ist noch Klein!
Wieder steinalte Schulbrote! Und andre Kinder hungern!
Da steht im Aufgabenheft: Sätze zerlegen!
Setz dich hin und fang an!
Mach schnell, ich richte unterdessen ein Picknick für den Ausflug!

Kathinka fällt überhaupt nichts ein; – außerdem stinkt es ihr, daß Stefan raus darf und sie nicht. Der süße Kleine.

Lesehilfen:

1. *der* = Stefan
2. *steinalt* = sehr alt, so alt wie ein Stein
3. s *Schulbrot*, -e
   = ein Butterbrot für die Schule
4. *hungern* = nichts zu essen haben
5. s *Aufgabenheft*, -e: ein Heft, in das die Aufgaben hineingeschrieben werden, damit man sie nicht vergißt
6. *Sätze zerlegen*, d. h. einen Satz in grammatische Stücke teilen
7. sich hin.setzen
   Setz dich hin.
8. *unterdessen* = in der Zwischenzeit = in der Zeit, die Kathinka für ihre Hausaufgaben braucht
9. ich *richte*
   etwas (= Akk.) richten
   = etwas fertig machen
10. s *Picknick*
    etwas zum Essen für den Ausflug
11. ein.fallen + Dat. (fällt ein, fiel ein, ist eingefallen)
    Ihr fällt nichts ein. = Sie hat keine Idee.
12. *außerdem* = und dazu
13. *Es stinkt ihr.* = Es gefällt ihr gar nicht.

Fragen mit Antworthilfen:

1. Warum darf Stefan raus?
   weil . . .
   klein
   noch klein
2. Was findet die Mutter im Ranzen?
   steinalt
   s Butterbrot, -e
   essen
   nicht gegessen haben
3. Was steht im Aufgabenheft?
   stehen
   im Aufgabenheft
   r Satz, ¨e
   etwas (= Akk.) zerlegen
4. Was soll Kathinka tun?
   sich hin.setzen
   an.fangen
   schnell machen
5. Was will die Mutter in der Zwischenzeit tun?
   s Picknick
   ein Picknick richten
   etwas fertig machen
6. Wofür ist das Picknick?
   r Ausflug, ¨e
   für den Ausflug
7. Wie sitzt Kathinka da?
   r Bleistift, -e
   r Kugelschreiber, -
   r Mund, ¨er
   etwas (= Akk.) im Mund haben
   ein.fallen + Dat.
   Ihr fällt nichts ein.
   Es fällt ihr nichts ein.
8. Was denkt sie darüber, daß Stefan raus darf?
   denken darüber, daß . . .
   gefallen + Dat.
   Es gefällt ihr gar nicht.

Also: Wer oder Was scheint?
Die Sonne!
Richtig! Was tut die Sonne?
Scheinen!
Bin ich jetzt fertig?
Aber nein, jetzt geht's erst richtig los!

Dabei scheint draußen in Wirklichkeit die Sonne, und Kathinka will losfahren!

Lesehilfen:

1. es geht los = es fängt an
   Jetzt geht's erst richtig los.
   = Jetzt fängt's erst richtig an.
2. *in Wirklichkeit* = wirklich
3. *los.fahren* = weg.fahren

Fragen mit Antworthilfen:

1. Wo ist die Mutter?
   e Küche, -n
2. Was macht sie dort?
   s Picknick
   ein Picknick richten
3. Was fragt sie Kathinka?
   Wer oder was scheint?
   Was tut die Sonne?
4. Warum will sie wissen, was scheint und was die Sonne tut?
   fragen nach etwas (= Akk.)
   e Frage, -n
   nach Satzteilen fragen
   etwas (= Akk.) abfragen
   die Hausaufgaben abfragen
5. Was für Hausaufgaben hat Kathinka?
   Deutsch
6. Was muß sie tun?
   r Satz, ¨-e
   etwas (= Akk.) zerlegen
7. Wo scheint die Sonne?
   draußen
   in Wirklichkeit
8. Warum hat Kathinka keine Lust, die Hausaufgaben zu machen?
   Lust haben, etwas zu tun
   weil . . .
   los.fahren

Aufgaben für zu Hause und für den Unterricht

Aufstehen

1. **Ergänze die Sätze.** (Präpositionen und Artikel)

   Die Mutter sagt Katharina . . . . ihr.
   Kathinka hat nicht genug Platz . . . . ihre Träume.
   . . . . Traum reitet sie . . . . einem Pferd.
   Sie reitet . . . . Galopp.
   Stefan träumt . . . . Fußballspiel.
   Kathinka soll aufpassen, daß Stefan . . . . dem Bett kommt.
   Kathinka beklagt sich dar . . . ., daß sie aufpassen muß.
   Stefan schießt . . . . Pfeil und Bogen.
   Raus . . . . . . dir!
   Kathinka stößt . . . . den Füßen . . . . . . die Matratze.
   Stefan hält sich . . . . Bett fest, damit er nicht rausfällt.
   Sie zanken sich . . . . frühen Morgen.
   Sie soll die Kleider ordentlich . . . . den Stuhl legen.
   Die Mutter ist . . . . dem Frühstück beschäftigt.
   Kathinka sucht den Strumpf . . . . dem Bett.

2. **Ergänze die Sätze.** (Trennbare Vorsilben)

   Seine Freunde jubeln ihm . . . . . .
   Kathinka soll . . . . . .stehen und . . . . .passen, daß Stefan . . . . .steht.
   Gerade als sie am allerschönsten träumt, kommt die Mutter . . . .
   Hör . . . . . ., du Ziege!
   Stefan hält sich am Bett . . . . ., damit er nicht . . . . . . .fällt.
   Er hat ihr das T-shirt . . . . .genommen.
   Kathinka will, daß Stefan das T-shirt . . . . .zieht.
   Es fällt ihr plötzlich . . . . ., daß sie Handarbeit hat.
   Sie soll Perlgarn . . . . . .bringen, aber die Mutter weiß nicht, wo sie es
   . . . . . .nehmen soll.

3. **Wie heißt das Gegenteil?**

   Wir haben manchmal schöne und manchmal . . . . Träume.
   Sie reitet nicht langsam, sie reitet . . . .
   Seine Freunde finden das zuerst gar nicht gut, aber jetzt finden sie es
   . . . .
   Abends gehen wir schlafen, und morgens . . . . wir . . . . .
   Wenn er einmal angefangen hat, kann er nicht mehr . . . .

Rein mit dir! . . . . mit dir!
Kathinka schläft unten und Stefan . . . .
Er spricht nicht leise, sondern sehr, sehr laut, er . . . .
Morgens ziehen wir uns an, und abends . . . . wir uns . . . .
Peter ist immer pünktlich, aber Paul kommt oft zu . . . .
Gib mir mein T-shirt zurück, du hast es mir . . . .
Wer . . . ., der findet. (Sprichwort)

4. Wie kann man das auch noch sagen?

Ich finde das klasse.
Ich finde das . . . .

Sie reitet sehr schnell.
Sie reitet . . . .

Sie soll dafür sorgen, daß Stefan aufsteht.
Sie soll . . . ., daß Stefan aufsteht.

Er kann allein aufstehen.
Er kann . . . . aufstehen.

Was ist passiert?
Was ist . . . .?

Sie sagt, daß das nicht richtig ist.
Sie . . . . sich.

Laß das!
Tu das nicht!
. . . .!

Steh endlich auf!
Komm endlich aus dem Bett!
. . . .!

Er ärgert sich.
Er ist . . . .

Er ruft sehr laut.
Er . . . .

Macht schnell!
. . . .!

Ihr seid nicht pünktlich.
Ihr . . . .

Sie erinnert sich daran.
Es . . . .

Du dumme Ziege!
Du . . . . . . Ziege!

5. **Wie gehen die Sätze weiter? Verbinde die Sätze. Was gehört wozu?** (Als Spiel: Die Teile auf einzelne Zettel schreiben, die gemischt werden! Dann müssen die Spieler die zueinander passenden Zettel finden und richtig zusammensetzen.)

a. Wenn die Mutter böse ist,	. . . . . daß Stefan aus dem Bett kommt.
b. Stefan träumt,	. . . . . daß sie aufpassen muß.
c. Kathinka soll aufpassen,	. . . . . daß er Fußball spielt.
d. Als sie am schönsten träumt,	. . . . . sagt sie Katharina zu ihr.
e. Sie beklagt sich darüber,	. . . . . damit er nicht rausfällt.
f. Stefan schreit,	. . . . . sich nicht zu zanken.
g. Stefan hält sich am Bett fest,	. . . . . daß sie aufhören soll.
h. Plötzlich fällt Kathinka ein,	. . . . . kommt die Mutter rein.
i. Die Mutter ermahnt sie,	. . . . . daß sie heute Handarbeit hat.

6. **Bringe die 16 einzelnen Sätze unten in eine richtige Reihenfolge.**

Kathinka beklagt sich darüber.
Jetzt ärgert Stefan Kathinka, denn er hat ihr T-shirt angezogen.
Kathinka träumt oft.
Sie weckt Kathinka zuerst und bittet sie aufzupassen, daß Stefan aus dem Bett kommt.
Sie ermahnt sie, sich nicht zu zanken.
Sie stößt mit den Füßen von unten nach oben gegen die Matzratze.
Die Mutter ist mit dem Frühstück beschäftigt.
In diesem kleinen Buch lernen wir Kathinka kennen.
(und) Heute morgen träumt sie, daß sie auf einem Pferd reitet.
Stefan ärgert sich darüber.
Er hält sich am Bett fest, damit er nicht rausfällt.
(aber) Ihr Bruder Stefan träumt auch.
Kathinka will, daß er es wieder auszieht.
Gerade als Stefan und Kathinka am schönsten träumen, kommt die Mutter ins Zimmer.

(und) Er schreit, daß sie aufhören soll.
(aber) Sie weckt Stefan, doch nicht sehr freundlich.

7. **Erzähle (ohne Hilfe der Bilder), wie Kathinka und Stefan heute morgen aufgestanden sind.** (Mündlich und schriftlich)

8. **Du bist jetzt Kathinka und erzählst deiner besten Freundin, wie du deinen Bruder heute morgen geärgert hast.** (Mündlich und schriftlich)

9. **Du bist jetzt Stefan und erzählst deinem besten Freund, wie du deine Schwester geärgert hast, nachdem sie dich so unfreundlich geweckt hatte.** (Mündlich und schriftlich)

10. **Du bist jetzt die Mutter und erzählst dem Vater, was heute morgen wieder los war.** (Mündlich und schriftlich)

11. **Du bist jetzt die Mutter und erzählst deiner Nachbarin, die du gut kennst und die auch zwei Kinder hat, was heute morgen los war.** (Mündlich und schriftlich)

12. **Erzähle einmal, wie es bei dir zu Hause manchmal zugeht, wenn es Zeit zum Aufstehen ist.** (Mündlich und schriftlich)

13. **Übersetze doch einmal die Geschichte in deine Muttersprache.**

Frühstück und Schulweg

1. Ergänze die Sätze! (Verben)

Mutter, Kathinka und Stefan . . . . am Frühstückstisch.
Kathinka . . . . nicht, weil ihr schlecht ist.
Die Mutter . . . ., daß Kathinka nicht nüchtern . . . . kann.
Stefan hat die Tasse mit dem Kakao . . . .
Die Mutter . . . . nervös.
Die Mutter hat noch Perlgarn und eine Nadel . . . ., und . . . . Kathinka eine kleine Tasche.
Sie . . . . Kathinka, ihre Sachen am Tag vorher fertigzu . . . .
Die Kinder . . . . zur Schule.
Die Mutter . . . . ihnen, vorsichtig zu sein.
Sie sollen . . . . und immer erst links, dann rechts . . . .
Als Kathinka über die Straße . . . ., ... sie an ihr Traumpferd.
Sie . . . . wieder im Galopp.
Stefan . . . . nur seine Fußballspielerei im Kopf, und er . . . . einen Ball vor sich her.
Stefan und Kathinka sind auf dem Schulhof . . . .
In ihren Gedanken . . . . sie ihr Pferd am Fahrradständer . . . .
Sie . . . . in die Klasse und haben es gerade noch . . . .

2. Ergänze die Sätze. (Präpositionen + Artikel)

Die Familie sitzt . . . . . Frühstückstisch.
Die Mutter gibt ihr einen Beutel . . . . Perlgarn und einer Stopfnadel.
Sie ermahnt Kathinka, ihre Sachen . . . . . . Tag vorher fertigzumachen.
Die Kinder gehen . . . . Schule.
Stefan soll . . . . . . Kathinka warten.
Sie sind jetzt . . . . der Straße.
Kathinka denkt . . . . . . ihr Traumpferd,
und sie paßt nicht . . . . den Verkehr auf.
Stefan hat nur das Fußballspiel . . . . Kopf.
Sie haben also andere Dinge . . . . . Kopf,
und der Verkehr ist nicht wichtig . . . . sie.
Die beiden (Stefan und Kathinka) sind jetzt . . . . dem Schulhof angekommen.
. . . . ihren Gedanken bindet Kathinka ihr Pferd . . . . Fahrradständer an.
Stefan sagt . . . . ihr, daß sie . . . . ihr zu spät kommen.

3. **Ergänze die Sätze.** (Trennbare Vorsilben)

Die Mutter meint, daß Kathinka nicht nüchtern ...... gehen kann.
Stefan hat den Kakao ...... gekippt.
Paßt schön ......!
Er schießt einen Ball vor sich ......
Kathinka und Stefan sind .... gekommen.
Kathinka bindet ihr Pferd ......

4. **Ergänze die Sätze.** (Infinitiv mit zu)

Du sollst deine Sachen am Tag vorher richten!	Die Mutter ermahnt Kathinka, ...
Paßt auf!	Die Mutter rät ihnen, ...
Warte auf mich!	Kathinka bittet Stefan, ...
Seid vorsichtig!	Die Mutter rät ihnen, ...
Mach doch schnell!	Stefan bittet Kathinka, ...

5. **Wie gehen die Sätze weiter?**

a. Kathinka ißt nicht.	..... daß Kathinka nicht nüchtern gehen soll.
b. Die Mutter ermahnt Kathinka,	..... auf sie zu warten.
c. Die Mutter meint,	..... aufzupassen und vorsichtig zu sein.
d. Die Mutter rät ihnen,	..... ihre Sachen am Tag vorher fertigzumachen,
e. Kathinka bittet Stefan,	..... schnell zu machen.
f. Stefan bittet Kathinka,	..... weil ihr schlecht ist.

6. **Beantworte alle Fragen auf den Seiten 17, 19 und 21.** (Schriftlich)

7. **Erzähle (ohne Hilfe der Bilder), was heute morgen beim Frühstück passiert ist.** (Mündlich und schriftlich)

8. **Erzähle (ohne Hilfe der Bilder), wie Kathinka und Stefan heute morgen zur Schule gegangen sind.** (Schriftlich und mündlich)

9. **Du bist Stefan und erzählst deinen Freunden, was heute morgen am Frühstückstisch mit deiner Schwester los war.** (Schriftlich und mündlich)

10. **Was hat die Mutter heute morgen alles tun müssen?** (Schriftlich und mündlich)

11. **Erzähle einmal, wie es heute morgen bei dir zu Hause am Frühstückstisch war.** (Schriftlich und mündlich)

12. **Übersetze doch einmal in deine Muttersprache, was heute morgen beim Frühstück mit Kathinka und Stefan los war.**

Schule

1. **Beantworte alle Fragen auf den Seiten 25, 27, 29, 31, 33.** (Schriftlich)

2. **Ergänze die Sätze.** (Verben)

In der ersten Stunde . . . . Kathinka Religion. Sie . . . ., daß das nicht so schlimm ist, denn sie kann wieder . . . . und muß nicht . . . . Der Religionslehrer . . . . aus einem Buch ein Gebet . . . ., aber die Schüler . . . . sich nicht sehr dafür.

Nach der Religionsstunde . . . . Pause. Die Schüler, besonders die Jungens, ... nicht still sitzen. Sie . . . . außer Rand und Band. Kathinka . . . . sich darüber, weil sie nicht ungestört . . . . kann und in ihrem Traum . . . . wird.

In der zweiten Stunde . . . . Rechnen. Kathinka . . . . in der letzten Reihe. Sie . . . . die zweite von links. Neben ihr . . . . Bettina, ihre beste Freundin. Als die Lehrerin Kathinka . . . ., wieviel 6 mal 8 . . . ., ... Bettina ihr die richtige Antwort. Bettina . . . . immer alles, aber sie . . . . trotzdem klasse.

Der Unterricht in der dritten Stunde . . . . Singen, aber in Wirklichkeit . . . . sie nicht, denn sie . . . . meistens und auch heute wieder nur Platten . . . . Auch die vierte Stunde, Erdkunde, ... nicht viel besser. Kathinka . . . . Erdkunde langweilig. Heute . . . . . . sie z. B. nur die Nebenflüsse der Donau.

Die letzte Stunde soll Handarbeit sein, aber die Lehrerin . . . . nicht. Es . . . . ganz natürlich, daß die Schüler nicht ruhig . . . . Sie unterhalten sich, zanken sich, strecken die Zunge raus und schießen mit Gummi. Adelheid . . . . alle . . . . . ., die laut sind, und das sind viele. Etwas später . . . . der Direktor in die Klasse und . . . . ihnen, daß sie leise nach Hause . . . . dürfen, weil die Lehrerin . . . . ist. Alle Schüler und Schülerinnen freuen sich.

3. **Ergänze die Sätze.** (Präpositionen + Artikel)

. . . . der ersten Stunde hat Kathinka Religion. Der Religionslehrer liest . . . . . . einem Buch vor. . . . . der Religionsstunde ist Pause, und die Schüler geraten . . . . Rand und Band. Kathinka wird . . . . . . ihrem

Traum gestört. . . . . der zweiten Stunde ist Rechnen. Kathinka sitzt . . . . . der letzten Reihe und . . . . ihr sitzt Bettina. Der Unterricht . . . . . der dritten Stunde heißt Singen, aber . . . . . . Wirklichkeit hören sie nur Platten.

4. Bringe die Sätze und Satzteile in eine richtige Reihenfolge.

sie muß nicht aufpassen	1. ____________
denn sie kann wieder träumen	2. ____________
der Religionslehrer liest aus einem Buch vor	3. ____________
in der ersten Stunde hat Kathinka Religion	4. ____________
daß das nicht so schlimm ist	5. ____________
aber die Schüler interessieren sich nicht sehr dafür	6. ____________
sie findet	7. ____________

5. Bringe die Sätze und Satzteile in eine richtige Reihenfolge.

bleiben nicht still sitzen --- Kathinka ärgert sich drüber --- nach der Religionsstunde --- und in ihrem Traum gestört wird --- die Schüler --- außer Rand und Band --- sie geraten --- weil sie nicht ungestört denken kann --- ist Pause --- besonders die Jungens ---

Nach der Religionsstunde ____

____

____

____

6. Bringe die Satzteile und Sätze in eine richtige Reihenfolge.

gibt Bettina ihr --- Bettina weiß --- aber sie ist --- die zweite von rechts --- in der zweiten Stunde --- als die Lehrerin --- Kathinka sitzt --- wieviel 6 mal 8 ist --- Kathinka fragt --- ist Rechnen --- in der letzten Reihe --- immer alles --- ihre beste Freundin --- sitzt Bettina --- neben ihr --- die richtige Antwort --- trotzdem klasse --- sie ist

In der zweiten Stunde ____

____

____

____

____

7. Bringe die Satzteile und Sätze in eine richtige Reihenfolge.

heute lernen sie z. B. nur --- ist nicht viel besser --- heißt Singen --- auch die vierte Stunde ------ die Nebenflüsse der Donau --- Erdkunde --- der Unterricht in der dritten Stunde --- aber in Wirklichkeit --- Erdkunde langweilig --- denn sie kriegen meistens --- singen sie nicht --- nur Platten vorgespielt --- Kathinka findet --- und auch heute wieder

Der Unterricht in der dritten Stunde ____________________

____

____

____

8. Bringe die Sätze in die richtige Reihenfolge.

die laut sind	1. ____________
und sagt ihnen	2. ____________
und das sind viele	3. ____________
es ist ganz natürlich	4. ____________
alle freuen sich	5. ____________
weil die Lehrerin erkrankt ist	6. ____________
daß sie nach Hause gehen dürfen	7. ____________
die letzte Stunde soll Handarbeit sein	8. ____________
Adelheid schreibt alle auf	9. ____________
aber die Lehrerin kommt nicht	10. ____________
daß die Schüler nicht ruhig sind	11. ____________
etwas später kommt der Direktor	12. ____________

9. Setze die folgenden Wörter an einer passenden Stelle ein.

denn --- weil --- als --- aber --- daß --- wieviel --- aber --- als --- aber --- denn

Kathinka findet, ... die Religionsstunde nicht so schlimm ist, ... sie kann wieder träumen. Der Religionslehrer liest ein Gebet vor, ... die Schüler interessieren sich nicht sehr dafür. . . . . die Schüler in der Pause außer Rand und Band geraten, ärgert sich Kathinka, ... sie in ihrem Traum gestört wird. In der Rechenstunde gibt Bettina ihr die richtige Antwort, ... sie von der Lehrerin gefragt wird, ... 6 mal 8 ist. Bettina weiß immer alles, ... sie ist trotzdem klasse. Die dritte Stunde ist Singen, ... in Wirklichkeit singen sie nicht, ... der Lehrer spielt ihnen meistens Platten vor.

10. Erzähle (ohne Hilfe der Bilder), was es in Kathinkas Schule an diesem Morgen alles gibt, und wie Kathinka den Unterricht findet.

11. Erzähle einmal, wie euer Unterricht ist. Was macht ihr da meistens? (Religion, Rechnen, Handarbeit, Erdkunde, Deutsch)

12. Wird bei euch auch aufgeschrieben, wer laut ist? Muß das sein, und ist das gut? Was meint ihr?

Der Nachhauseweg

1. **Beantworte zuerst alle Fragen auf den Seiten 35, 37, 39, 41, 43, 45, 47.**

2. **Ergänze die Sätze.** (Verbzusätze)

   Kathinka und Bettina bleiben an einem Gartenzaun . . . .
   Sie sieht die Jungens aus der Grünen Heimat . . . .
   Es ist besser, schnell . . . . zugehen und zu verschwinden.
   Die beiden laufen . . . .
   Sie laufen vor den Jungens . . . .
   Die Jungens versuchen, ... zuwerfen.
   Jetzt laufen die Jungens . . . .
   Die alte Frau hebt die Äpfel vom Boden . . . .

3. **Ergänze die Sätze.** (Präpositionen + Artikel)

   . . . . der Schule soll Kathinka gleich . . . . . Haus kommen.
   . . . . dem Nachhauseweg gibt es so viel zu sehen.
   Die Mutter ist dafür, daß sie viel . . . . der frischen Luft ist.
   Sie bleiben . . . . einem Gartenzaun stehen.
   Sie pflücken etwas (Äpfel, Birnen) . . . einem Baum.
   Die Jungens . . . . der Grünen Heimat.
   Sie tragen ihren Ranzen . . . . dem Rücken.
   Sie klettern schnell . . . . einen Apfelbaum.
   Sie bewerfen die Jungens . . . . . Äpfeln.
   Sie werfen Äpfel . . . . . den Jungens.
   Ein Junge wird . . . . . Kopf getroffen.
   Sie tanzen . . . . . . Freude.
   Die alte Frau hebt die Äpfel . . . . Boden auf.
   Die Frau hebt die Äpfel . . . . der Erde auf.
   Die Jungens sind schuld . . . . der ganzen Sache.
   Kathinka muß . . . . . Haus bleiben.
   Kathinka denkt . . . . die alte Frau.

4. **Antworte mit „Ja“ und mit „Nein“** (Negation).

   Soll Kathinka sofort nach Haus kommen? Ja, ____________
   Nein, ____________
   Geht Kathinka sofort nach Haus? Ja, ____________
   Nein, ____________
   Bleiben die beiden an einem Gartenzaun stehen? Ja, ____________
   Nein, ____________
   Sieht Kathinka die Jungens kommen?

Trägt Kathinka einen Ranzen auf dem Rücken?
Kann es unangenehm werden?
Ist es besser zu verschwinden?
Wollen die Jungens die Mädchen ärgern?
Laufen sie weg?
Laufen sie vor den Jungens davon?
Klettern sie auf einen Apfelbaum?
Bewerfen sie die Jungens mit Äpfeln?
Werfen sie Äpfel nach den Jungens?
Wird ein Junge am Kopf getroffen?
Versuchen die Jungens zurückzuwerfen?
Haben die Mädchen gesiegt?
Tanzen die Mädchen vor Freude?
Sammelt die Frau die Äpfel auf?
Hebt die Frau die Äpfel auf?
Sind die Jungens an allem schuld?
Muß Kathinka zu Hause bleiben?
Denkt Kathinka an die alte Frau?

5. Wie heißen die Fragewörter?

. . . . . soll Kathinka eigentlich nach der Schule tun?
. . . . . tut Kathinka nicht, was sie tun soll?
. . . . . ist die Mutter?
. . . . . tun Kathinka und ihre Freundin auf dem Nachhauseweg?
. . . . . sieht Kathinka kommen?
. . . . . trägt Kathinka auf dem Rücken?
. . . . . bedeutet das?
. . . . . meint Kathinka?
. . . . . rufen die Jungens?
. . . . . wollen die Jungens?
. . . . . oft treffen sie?
. . . . . hat gesiegt?
. . . . . ist das alles passiert?
. . . . . denkt Kathinka?

6. Wie heißt eine mögliche Frage zu dieser Antwort?

Frage:	**Antwort:**
________ ?	Sie soll gleich nach der Schule nach Haus kommen.
________ ?	Es gibt so viel zu sehen.
________ ?	Die Mutter ist dafür, daß sie an der frischen Luft ist.

________ ? Sie bleiben an einem Gartenzaun stehen.
________ ? Sie sieht die Jungens aus der Grünen Heimat kommen.
________ ? Sie trägt einen Ranzen auf dem Rücken.
________ ? Sie meint, daß es besser ist, schnell zu verschwinden.
________ ? Sie wollen die Mädchen ärgern.
________ ? Sie laufen vor den Jungens davon.
________ ? Sie klettern auf einem Apfelbaum.
________ ? Die Mädchen haben gesiegt.
________ ? Die Jungens laufen weg.
________ ? Weil sie zu oft getroffen werden.
________ ? Die Äpfel gehören der alten Frau.
________ ? Die Jungens sind an allem schuld.
________ ? Sie denkt daran, daß die alte Frau Apfelmus macht.

7. Wie geht der Satz weiter?

a. Es gibt	------	zurückwerfen.
b. Die Mutter ist dafür,	-----	daß es besser ist zu verschwinden.
c. Sie sieht die Jungens	-----	weil sie sich freuen.
d. Die Jungens versuchen	-----	daß Kathinka an der frischen Luft ist.
e. Es bedeutet für Kathinka,	------	so viel zu sehen.
f. Sie meint,	-----	kommen
g. Es ist besser,	-----	daß die Frau Apfelmus macht.
h. Sie tanzen,	-----	wenn der Vater frei hat.
i. Ihr seid schlimmer	-----	daß es unangenehm werden kann.
j. Bettina fragt,	-----	zu verschwinden.
k. Kathinka muß zu Hause bleiben,	------	ob sie heute nachmittag kommt.
	------	als die Bengels.
l. Sie denkt daran,		

8. Erzähle (ohne Hilfe der Bilder), was auf dem Nachhauseweg passiert ist.

9. Du bist Kathinka und erzählst deinem Bruder (deiner Mutter), was heute mittag auf dem Nachhauseweg passiert ist.

10. Du bist einer der Jungens aus der Grünen Heimat und erzählst deinem Freund, was passiert ist.

11. Du bist die alte Frau und beklagst dich bei einem Polizisten darüber, was passiert ist.

12. Du bist der Polizist und schreibst darüber einen kurzen Bericht.

13. Du bist die alte Frau und schreibst einen Beschwerdebrief an den Direktor der Schule.

14. Du bist der Direktor der Schule, und du beantwortest diesen Brief.

Am Mittagstisch

1. Beantworte alle Fragen auf den Seiten 49, 51, 53, 55.

2. Ergänze die Sätze! (Verben)

Als Kathinka nach Hause ...., ... Vater und Stefan schon am Tisch. Kathinka .... ihren Ranzen gegen den Stuhl. Die Mutter ...., daß sie wieder einmal total verdreckt ist und sagt, daß sie sich die Hände .... und die Haare .... soll. Die Mutter möchte wissen, wo sie sich .... hat, weil Stefan schon lange zu Hause ist. Kathinka sagt, daß sie einer alten Frau .... hat, was die Mutter sehr hilfsbereit ....

Am Tisch .... der Vater, was es in der Schule ...., und Kathinka .... eine Antwort, mit der der Vater nicht zufrieden ist. Der Vater will nicht glauben, daß Kathinka nichts .... hat und ist .... davon, daß sie irgend etwas .... haben muß.

Jetzt will der Vater ...., ob Kathinka der Lehrerin ihre Mineraliensammlung .... hat. Aber weil sie die Lehrerin nicht ...., hat sie es nicht getan, obwohl sie nach Meinung der Mutter eine Eins dafür .... hätte.

Der Vater ist nicht zufrieden mit Kathinka, aber er will sich nicht .... Er hat sich was .... und .... vor, heute nachmittag einen Ausflug zu .... Kathinka muß der Mutter ...., den Tisch ...., und sie .... sich darüber, daß sie immer .... muß, aber Stefan wieder nicht zu helfen .... Die Mutter .... ihr, daß Stefan den Vorgarten .... muß.

3. Ergänze die Sätze. (Präpositionen, Artikel, Possessivpronomen)

Als Kathinka .... Hause kommt, sitzen Vater und Stefan schon .... Tisch. Kathinka wirft .... Ranzen .... den Stuhl. Die Mutter sieht, daß Kathinka wieder total verdreckt ist. Stefan ist schon lange .... Hause. Kathinka sagt, daß sie .... alten Frau geholfen hat. Der Vater will jetzt wissen, was es .... Schule gab, und Kathinka gibt ...... Antwort, mit der der Vater nicht zufrieden ist. Er ist überzeugt da....., daß sie irgend etwas gelernt haben muß. Weil Kathinka die Lehrerin nicht mag, hat sie .... Mineraliensammlung nicht gezeigt.

4. Wie gehen die Sätze weiter? (Das könnt ihr auch laut in der Klasse machen. Einer liest den Anfang, und der Nachbar liest weiter.)

a. Als Kathinka nach Hause kommt,	..... wo sie sich rumgetrieben hat.
b. Kathinka gibt eine Antwort,	..... daß Kathinka total verdreckt ist.
c. Er ist überzeugt davon,	..... was es in der Schule gab.
d. Kathinka sagt,	..... obwohl sie eine Eins dafür bekommen hätte.
e. Weil sie die Lehrerin nicht mag,	..... den Tisch abzuräumen.
f. Der Vater schlägt vor,	..... sitzen der Vater und Stefan schon am Tisch.
g. Die Mutter sieht,	..... daß sie etwas gelernt haben muß.
h. Kathinka muß der Mutter helfen,	..... mit der der Vater nicht zufrieden ist.
i. Die Mutter möchte wissen,	..... daß sie einer alten Frau geholfen hat.
j. Am Tisch fragt der Vater,	..... ob sie der Lehrerin ihre Sammlung gezeigt hat.
k. Der Vater will nicht glauben,	..... heute nachmittag einen Ausflug zu machen.
l. Sie beklagt sich darüber,	..... hat sie es nicht getan.
m. Jetzt will der Vater wissen,	..... daß Kathinka nichts gelernt hat.
n. Sie hat es nicht getan,	..... daß sie immer helfen muß.

5. Wie heißen die Fragewörter?

..... tut Kathinka, als sie nach Hause kommt?
..... sitzt am Tisch?
..... sieht Kathinka aus?
..... soll Kathinka tun?
..... findet die Mutter das?
..... ist der Vater nicht zufrieden mit der Antwort?
..... ist der Vater überzeugt?
..... Sammlung hat Kathinka?
..... hat Kathinka die Sammlung nicht gezeigt?
..... Meinung hat Kathinka?
..... schlägt der Vater vor?
..... beklagt sich Kathinka?
..... hat sich Stefan versteckt?

6. Erzähle (ohne Hilfe der Bilder), was heute am Mittagstisch los war.

7. Kathinka hat eine ganz andere Meinung über die Lehrerin als ihre Mutter. Wie kommt das? Kannst du das erklären?

8. Es sieht so aus, als ob sich Kathinka oft beklagt. Hat ihr Bruder Stefan es wirklich besser? Was meinst du?

**9. Was für einen Eindruck hast du von Kathinkas Familie bis jetzt bekommen?
Ist die Familie nach deiner Meinung anders als andere Familien?**

10. Was passiert so gewöhnlich bei dir zu Hause am Mittagstisch?

Hausaufgaben

Heute gibt es keine Hausaufgaben. Ihr habt frei.

Wenn ihr aber wissen wollt, was Kathinka und Stefan an diesem Tag sonst noch erleben und wie der ereignisreiche Tag endet, dann müßt ihr in die Bibliothek gehen und folgendes Buch ausleihen:

Marcks, Marie: IMMER ICH – Bildgeschichte eines ereignisreichen Tages
rororo – rotfuchs
Reinbek bei Hamburg: Rowohlt Verlag 1976